LA FRANCE

ET

L'EUROPE LATINE

LE PAPE ET L'ITALIE

QUESTIONS DE DROIT SUPÉRIEUR

PAR

CÉNAC MONCAUT

PARIS

E. DENTU, LIBRAIRE-ÉDITEUR

PALAIS-ROYAL, 13, GALERIE D'ORLÉANS

1860

IMPERIAL
TYNDE

LE DROIT SUPÉRIEUR

Ému profondément des problèmes qui préoccupent l'Europe, nous voyons avec surprise les publicistes s'attacher exclusivement à des questions qui ne sont que des conséquences, au lieu de remonter aux principes qui en sont les causes. Le principe qui domine la discussion, disons-le tout d'abord, c'est le réveil de la race latine, c'est la revendication de ses anciens droits, c'est le rétablissement de sa prépondérance.

Avant de décider où l'on va, il est utile de savoir d'où l'on vient.

Enfant du midi, pénétré de la grandeur de son histoire, de ses souffrances dans le présent, de ses destinées dans l'avenir, nous voulons examiner les droits des races avant ceux des gouvernements, les nationalités avant les traités; mettre la question spirituelle au-dessus de la question temporelle, élever enfin le débat plus haut que le *droit écrit*, et au niveau du droit supérieur.

Que l'on se place avec nous au point de vue de ce vaste horizon ; on verra tous les événements de notre époque, expédition de Crimée, guerre de Lombardie, guerre de l'Espagne contre le Maroc, organisation intérieure de l'Italie, découler naturellement de ces questions de races, les plus inévitables, les plus impérieuses qui puissent agiter le dix-neuvième siècle.

LA RACE LATINE

I

Trois grandes familles de peuples occupent l'Europe:
La race germanique, la race slave, et la race latine.

Il est depuis longtemps convenu entre les peuples du
nord que cette malheureuse fille du midi n'existe plus.
Quand les Allemands daignent la citer dans leurs nécro-
logies, c'est pour lui accorder quelques phrases d'oraison
funèbre. Le globe ne renferme plus que la rêveuse Germanie, la schismatique Angleterre et la forte Russie.

Réglons un peu les comptes de tout le monde, et arrê-
tons nous plus particulièrement sur le chapître qui n'est
plus, dit-on, qu'un legs testamentaire.

Établie sur les bords de la Méditerranée, depuis trois
mille ans, la race latine possède le sol le plus fertile de
l'Europe, le climat le plus tempéré. Elle conserve le dépôt
sacré de la civilisation grecque et romaine, les traditions
directes des premiers chrétiens. Les contrées qu'elle oc-
cupe sont remplies de souvenirs, couvertes des plus beaux
monuments du passé.

Tels sont ses éléments de puissance et de gloire ; voici
l'usage qu'elle en a fait.

Placée entre l'invasion des peuples du nord et l'irrup-
tion de ceux du midi, elle parvint à civiliser les Germains,
par l'enseignement du droit romain, des beaux-arts et des
sciences ; elle repoussa les Arabes et finit par les rejeter
au delà des mers.

Cependant l'unité manquait aux peuples de race latine,
et l'invasion des barbares du nord continuait à les mena-
cer. Charlemagne arrête les Saxons, les écrase et tient le
reste de la Germanie sous sa main de fer ; puis, consacrant
son génie à l'organisation des peuples du sud, il prend la
France, l'Espagne et l'Italie pour bases de son empire. Il

en devient le chef politique ; le pape en est le chef religieux.

Sa mort ébranle gravement son œuvre inachevée, mais l'idée d'unité lui survit ; les croisades proclamées en France, organisées par les papes et par nos rois, renouent l'alliance morale des peuples chrétiens et, chose remarquable, races du nord et races du midi marchent sous les mêmes bannières.

II

Cette harmonie politique ne devait pas être de longue durée. Le moyen âge touchait à sa fin. L'avénement de l'ère nouvelle fut annoncé par deux faits inattendus qui rallumèrent l'antagonisme des races.

La découverte de l'Amérique, œuvre d'un latin, d'un génois, détourne l'activité européenne de la question d'O-rient et la dirige vers un autre hémisphère.

Le triomphe de la Réforme divise l'Europe en deux camps ennemis, et relève entre le nord et le midi la barrière que les rois de France et les papes étaient parvenus à abaisser. Ainsi pendant que la race latine livrait l'Océan et ses mondes nouveaux à l'activité humaine, trop à l'étroit dans la Méditerranée, la race germanique donnait au monde le germe de ces haines de religion qui, après trois siècles de guerres sanglantes, laissent encore en Europe mille causes de dissensions et de jalousies.

La route du Nouveau Monde est ouverte ; tous les peuples Latins, Espagnols, Portugais, Français, Génois, Vénitiens, lancent leurs vaisseaux au delà des colonnes d'Hercule ; ils consacrent leur énergie, leur courage, à la découverte de terres qui triplent les possessions des Etats d'Occident.

Les conquêtes transatlantiques procurent à l'Espagne une puissance jusqu'alors inconnue. Le commerce de la Méditerranée et du Levant assure aux républiques de Gênes, de Venise, à l'Italie entière, des richesses, une supériorité d'industrie, d'intelligence, devant laquelle l'Europe entière doit s'incliner.

III

L'activité humaine est contagieuse: la race germanique ne reste pas entièrement étrangère au mouvement commercial, elle le suit, mais de loin; les Hollandais établissent des comptoirs sur des continents que d'autres ont trouvés, ou dont ils ont montré la route; l'Angleterre entreprend sous Élisabeth, de se donner une marine capable de lutter avec celle de Venise.

Quelle force! Quelle prospérité dans les États de race latine! Quels modestes essais industriels et commerciaux chez les peuples du nord.

Tout en marchant à la suite de ceux du midi, cependant, ils possèdent au plus haut degré l'orgueil national qui donne le courage, la persévérance qui procure le succès. Ils ont surtout cette ardeur réfléchie, cette prévision philosophique et politique à laquelle la Réforme venait d'imprimer une redoutable impulsion.

Ces qualités se développent si rapidement, aboutissent à de tels résultats, qu'après deux siècles, la race germanique s'élève visiblement au-dessus de la race latine. l'Espagne, affaiblie par un déplorable usage de ses richesses et de son exaltation religieuse, perd l'Amérique et se déchire à l'intérieur. L'Italie se laisse enlever le monopole du commerce du Levant par les Anglais qui transportent la route de l'Asie au Cap de Bonne-Espérance ; la France seule, conserve encore le premier rang de puissance européenne.

Louis XIV, continuateur de la politique de Charlemagne, entreprend l'organisation des peuples du midi, et tient énergiquement tête aux Allemands et aux Anglais. Mais, exagérant le principe monarchique et catholique, il veut placer tous les Etats méridionaux dans sa famille et retenir violemment les croyances dans le cercle de l'Eglise romaine. Pendant qu'il met son petit fils sur le trône d'Espagne et fait sabrer les calvinistes de France, sa puissance s'ébranle, sécroule, et la race latine se trouve en face du Régent, qui trahit toutes ses espérances et pousse la France dans le système anglais.

Louis XV, Louis XVI, également infidèles aux traditions de leurs aïeux, à tous les intérêts des races latines, abandonnent complétement l'Espagne et l'Italie, se nourrissent de théories philosophiques, laissent envahir la France par les utopies anglaises et allemandes ; la Révolution éclate et emporte la royauté.

IV

Telle était la situation des choses en 89. La véritable politique des hommes d'Etat nouveaux, politique tracée par l'histoire de dix siècles, eût été de reprendre, au point de vue libéral des nationalités, le programme que Louis XIV avait entrepris au nom de ses intérêts dynastiques. Ils devaient se défier des peuples du nord, appeler autour de la nouvelle France, les peuples du midi et respecter le principe catholique, base de leur existence... Il en fut tout autrement, les doctrines du dix-huitième siècle, incapables de fonder, excellentes pour détruire, l'emportèrent complétement.

La vivacité de notre tempérament, l'imprudence, les malentendus, jettèrent tous les partis dans la confusion des mots et des idées. Les uns commirent des fautes, les autres des crimes; ceux-ci, rêvèrent l'asservissement du genre humain ; ceux-là, son émancipation quand même, en dépit des obstacles et des répugnances; au lieu de localiser l'entreprise dans la race latine, ils la dispersèrent dans l'Europe, dans le monde entier: pensée louable et généreuse assurément ; mais frappée d'impuissance par les proportions exagérées de son application intempestive. Si la France n'avait eu le génie de Napoléon à son service ; c'en était fait des peuples du midi, ils tombaient sous le despotisme des monarchies du nord, et perdaient sans retour cette prépondérance Méditerranéenne, fondement de leur richesse et de leur force.

La France et les peuples méridionaux, abandonnés par des rois, perdus par des tribuns, imbus d'idées septentrionales, devaient être sauvés par une famille de race latine. Bonaparte, qui joint à l'énergie du Corse la perspicacité de l'éducation française, sonde la profondeur du problème ; reprenant la politique de Louis XIV, il se défie de l'Angleterre, de l'Allemagne; il tourne tous ses regards vers cet Orient que la France avait complétement oublié depuis les Croisades; vers l'Italie, ce bras droit de la race latine qu'il fallait de première nécessité arracher à la domination Germanique. La campagne d'Italie, l'expédition d'Egypte, inaugurent l'avènement de ce grand homme de guerre, et sont l'éclatant début, la gloire la plus incontestable de sa vie. Pourquoi? C'est qu'il se montrait, dans ces deux entreprises, l'exécuteur d'un arrêt providentiel, c'est qu'il marchait dans la véritable voie des intérêts et des destinées de la race latine.

Les derniers actes de la guerre d'Italie par rapport an Saint-Siége, plus tard ses tentatives sur l'Espagne furent moins heureuses; au lieu d'attirer à lui les peuples du midi, par le principe franchement posé de leur fédération, de leur union avec la France, et non de leur réunion à son empire, il violentait les Espagnols, et mécontentait les Italiens. Bientôt il s'égare au milieu de ses entreprises gigantesques, il finit par se trouver seul; succombe, et le triomphe de la coalision retarde de quarante années le réveil des nations méridionales.

VI

Les principes vrais les plus méconnus se réveillent malgré les hommes et font acte d'existence.

Durant cette période de calme, malgré le triomphe des Slaves et des Germains, nouveaux arbitres de l'Europe, la France continue, peut-être à l'insçu de ses hommes d'Etat, et par la seule puissance de ses instincts, à protester contre la suprématie du nord, à revendiquer sur la Méditerranée les droits de la race méridionale. L'expédition de Grèce, la conquête d'Alger sont assurément les actes les plus glorieux de la Restauration.

Ainsi toujours l'Orient, toujours le bassin méditerranéen pour théâtre politique! Là sont fixés les regards de tous les peuples, parce que là sont tous les souvenirs du passé, tous les intérêts du présent, toutes les espérances de l'avenir.

Néanmoins chaque peuple ne considère pas ces rivages aux mêmes titres : Italiens, Français, Espagnols sont les héritiers directs de leurs anciens possesseurs; la race Slave, au contraire, toute nouvelle en Europe, ne touche à cette mer que par les rives lointaines du Pont-Euxin. La race germanique n'y aborde que par son comptoir de Trieste.

Aucune tradition, aucune possession ancienne ne lui donne des droits sur ces eaux.

Mais les hommes du nord sont d'une nature audacieuse et envahissante! la force d'impulsion qui les poussa jadis sur l'empire Romain n'est pas encore entièrement épuisée. Quelle occasion quel moyen ont-ils négligé de pénétrer dans ce lac, de l'envahir, non seulement avec leur marine marchande, nous serions très-loin de blâmer cette légitime ambition ; mais en y fondant des ports hérissés de canons, en y lançant des navires de guerre, forteresses flotantes prêtes à ravager les côtes, à détruire les vaisseaux des indigènes.

VII

Que l'on se rappelle la situation de l'Europe vers 1840; la Russie, fortement organisée à Sébastopol, faisait trembler Constantinople ; l'Autriche établie à Milan, à Venise, envoyait ses soldats dans les Etats Romains et plaçait l'Italie entière sous sa dépendance. L'Angleterre exerçait sur l'Espagne et le Portugal une pression inquiétante.

Dans ces circonstances pleines de périls, que faisait la France, protectrice naturelle des intérêts méridionaux ? Elle gaspillait son activité dans des agitations stériles de tribune, cédait le pas, dans toutes les contrées du globe, à l'Angleterre qu'elle redoutait ; elle aurait perdu son rang de première nation continentale si nos soldats n'avaient continué de prouver, par leur victoires en Algérie, que l'héroïsme était impérissable dans les âmes françaises, qu'au premier signal ils renouvelleraient les prodiges de leurs aïeux.

Cette irrésolution de notre politique avait les plus funestes conséquences sur la race latine toute entière :

Les descendants du Cid, éloignés des généreuses traditions de leurs ancêtres par l'indécision de leurs gouvernants, dépensaient dans les dissensions intestines, les nobles qualités de patriotisme et d'énergie que le ciel a mis dans leur sang. La déchéance de l'Espagne était telle que l'Europe ne l'appelait plus dans ses conseils.

Les Italiens divisés, tenus sous le joug par une foule de petits souverains, courbés aux pieds de l'Autriche, souffraient cruellement de leur faiblesse politique et présentaient le spectacle navrant d'une nation d'autant plus opprimée que son esprit public faisait des progrès rapides, que ses citoyens fortifiaient leur âme par de profondes études historiques, par les luttes de la pensée contre le malheur.

VIII

Cette situation très-grave des peuples méridionaux, enhardit l'audace des Slaves. L'empereur de Russie voulut profiter de la jeunesse de notre gouvernement impérial pour exécuter la conquête méditée depuis des siècles; il fit détruire la flotte turque, à Sinope, et marcha sur Constantinople.

Étrange erreur du czar; il oubliait que les destinées de la France s'étaient consolidées en changeant de main. Cette invasion de l'empire turc, qui devait porter le coup fatal à la race latine, devint au contraire le signal de son réveil.

Unis avec l'Angleterre, nous offrons un spectacle qui étonne profondément le monde; nous osons défier, à mille lieues de nos frontières, la nation qui faisait trembler l'Europe. Nous l'attaquons sur son propre territoire, au milieu des circonstances les plus défavorables, décimés par le choléra, accablés par un hiver rigoureux, mitraillés nuit et jour devant une forteresse réputée imprenable.

La guerre de Crimée, acte audacieux, mais appuyé sur le principe le plus élevé, le plus fécond, de justice politique, eut, dans le monde entier, un retentissement immense. Elle ne se borna pas à relever la France, à prouver que quarante ans de paix n'avaient pas plus affaibli ses ressources qu'ils n'avaient refroidi l'élan de ses soldats; elle détruisit le prestige inquiétant de la Russie; l'Allemagne ne crut plus aveuglément à l'invincibilité de la race germanique, appuyée par la race slave. Le fantôme s'était évanoui, l'effroi des uns disparaissait en même temps que la confiance des autres.

Les proportions colossales du siége de Sébastopol, l'héroïsme de nos soldats, provoquèrent en Espagne et en Italie le mouvement le plus prononcé en notre faveur.

IX

Nous parcourions l'Espagne à cette époque ; le pays tout
entier, vivement ému, était partagé en deux camps. Les
partisans de l'ancien ordre de choses faisaient des vœux
pour la Russie ; les progressistes attendaient impatiem-
ment la victoire de la France. Si nous avions succombé,
c'en était fait du gouvernement de la reine, le parti rétro-
grade se jetait dans les bras du czar ; l'Espagne entrait
dans la coalition slave. Nous remportâmes la victoire,
les hommes d'intelligence et d'avenir puisèrent dans la
fermeté de nos desseins, dans l'irrésistibilité de leur exécution, une confiance dont la Péninsule éprouve déjà les
salutaires conséquences. La question des chemins de fer
et de la prospérité publique domina les intérêts des per-
sonnes et les petites révolutions de portefeuille. Le général
Narvaëz avait donné à cette armée, que nous avions vue
quelques années auparavant mal équipée, insouciante
d'elle-même, une organisation conforme à celle de nos
troupes. Ranimé par notre exemple, l'esprit belliquenx, si
profondément espagnol, chercha un but plus noble que
celui des tristes guerres civiles. Un prétexte de franchir
la frontière s'est offert, la guerre du Maroc est entreprise
avec l'enthousiasme que cette nation, héroïque et mécon-
nue en Europe, apporte dans l'exécution de tous ses desseins.

Remarquez bien le caractère de cette guerre, et le lieu
du théâtre ; l'Espagne envahit le Maroc malgré l'Angleterre, comme nous avons conquis l'Algérie malgré les Anglais. La race latine fait un nouveau pas vers l'Orient, la
civilisation chrétienne refoule l'islamisme sur un autre
point de la Méditerranée. C'est une nouvelle prise de possession de cette mer essentiellement latine.

Notre expédition d'Orient eût des conséquences encore
plus considérables, plus directes sur l'Italie. Un royaume
faible par son étendue, grand par le cœur de son roi et le
courage de son peuple, ne se borna pas à nous admirer ; il
nous seconda. Fait immense ! Du jour où les soldats de
Victor-Emmanuel prirent place à côté des nôtres sur le
cap Chersonnèse, la délivrance de l'Italie fut déclarée en
principe, l'exécution n'était qu'une question de temps et
d'opportunité.

L'ITALIE

I

Le retour des Sardes victorieux ralluma dans la Péninsule des espérances légitimes et impatientes. Vers qui tous les amis de l'indépendance italienne tournaient-ils leurs regards ? Vers cette France généreuse de son sang, prodigue de ses ressources, qui venait de dépenser, dans l'intérêt d'un peuple lointain, cent mille soldats et six cent millions de francs, *sans conserver un pouce de terrain, sans demander la plus légère indemnité ni au vaincu ni à celui qu'elle avait délivré.*

On accuse la Sardaigne d'avoir provoqué la guerre de 1859, ce reproche serait prouvé, que nous serions loin de lui en faire un crime.

Mais restons dans la vérité. Le mouvement italien avait des causes anciennes et générales; ne le réduisons pas aux proportions mesquines d'une conspiration. La résolution de prendre les armes au premier moment favorable, est depuis trente ans l'état permanent, l'état normal de l'Italie... Après notre victoire sur la Russie, l'explosion devenait inévitable. Condamner l'agitation lombarde de 1858 serait donc condamner notre expédition de Crimée, et la prépondérance que nous avons reconquise en Europe : ce serait regretter que l'asservissement de la race latine, par les races germaniques et slaves, n'ait pas réussi.

Puisqu'on persiste à nier les faits, nous nous obstinerons à répéter les principes. La guerre d'Italie, fut la proclamation des droits les plus inviolables des nationalités, droits contre lesquels congrès et traités de paix ne sauraient prévaloir; la nationalité est de droit naturel, et de droit divin, tandis que les décrets des hommes sont de nature purement politique. Cette question domine celle des Duchés, celle du pouvoir temporel du Pape, car elle tient à la réorganisation politique de la race latine tout entière : tels étaient nos principes en 1848, tels ils restent en 1860.

Alors, comme il y a un an, les Autrichiens étaient aux prises avec les Sardes, le ministère de M. de Lamartine hésitait à secourir le roi Charles-Albert ; nous plaidâmes la cause des Piémontais et des Lombards, nous engageâmes le gouvernement français à exécuter résolument l'intervention que l'Empereur vient d'accomplir avec tant de gloire.

II

« Lorsque le Créateur partagea l'Europe en contrées
« différentes de climat, de configuration, de produits (1),
« disions-nous, lorsqu'il sépara les contrées par des mers, des
« fleuves, des montagnes, il voulut évidemment constituer
« des individualités dont les hommes devraient tenir
« compte dans leurs protocoles, sous peine de commettre
« une folie, un sacrilége, que la légitime révolte de la
« raison devrait réparer plus tard.

« Qui pourrait jetter les yeux sur les péninsules Espa-
« gnoles, Italiennes, Grecques, toutes séparées du conti-
« nent par des chaînes de montagnes protectrices ; qui
« pourrait considérer les îles Britanniques, la France,
« l'Allemagne entourées par l'Océan et par des fleuves,
« habitées par des populations différentes de race, de
« mœurs, de langues, sans s'écrier : Voilà des nationalités
« qu'aucune ambition princière, aucune subtilité diplomati-
« que ne sauraient supprimer. Ceux-là même qui appuie-
« raient leurs usurpations sur des prétextes de *nécessité*
« politique sentiraient bien qu'ils commettent un crime de
« lèse-humanité.

« Quoi, ces grandes et anciennes familles appelées France,
« Espagne, Italie, Allemagne, seraient moins digne de
« respect que le simple citoyen... Elles seraient mises hors
« la loi ; elles ne pouraient invoquer la protection que les
« idées élémentaires de justice assurent, chez tous les
« peuples, au simple individu ! Qu'un voyageur soit maltraité
« sur un point du globe quelconque, il trouve des consuls,
« des agents de police, des magistrats qui le protègent, et
« lorsque des individus sont groupés par millions en
« corps de peuple, sur le territoire qu'ils possèdent depuis
« plusieurs siècles, ils pourraient être impunément atta-
« qués, spoliés, détruits, par des voisins avides, sans que

(1) *L'Opinion*, journal du Gers, 18 et 22 septembre 1848.

« les peuples généreux fussent autorisés à leur porter aide
« et secours. Le droit que l'on reconnaît à la partie on le
« contesterait au tout. L'assistance que l'Evangile ordonne
« aux mortels entre-eux serait interdite aux nations entre-
« elles ? »

« Qu'on ne donne pas à nos principes des conséquences
« exagérées qui les conduiraient au ridicule... Enten-
« dons-nous bien sur les termes : il ne suffit pas, assu-
« rément, qu'une peuplade, sans individualité reconnue,
« s'insurge dans sa province contre l'autorité qui la gou-
« verne, pour qu'elle soit admise à réclamer l'appui armé
« des autres États. Il faut que la nation attaquée soit net-
« tement caractérisée par les frontières qui l'entourent,
« par la langue qu'elle parle ; ces deux conditions réu-
« nies, il n'est pas de traité ancien, d'invasion séculaire,
« qui puisse prescrire contre le droit naturel, contre le
« droit supérieur d'indépendance.

« Malheur à l'homme égoïste et peureux qui, sourd aux
« cris nocturnes de son voisin qu'on égorge, se retourne
« dans son lit en disant : Ma porte est solide, le malfai-
« teur ne viendra pas jusqu'ici... Malheur surtout à la
« nation qui, mesurant avec parcimonie les chances de la
« guerre, assisterait froidement à l'agonie d'un peuple
« issu de sa race et situé près de ses frontières ! Cette
« coupable indifférence la mettrait au banc de l'histoire.
« Un terrible châtiment retomberait tôt ou tard sur elle.
« Un jour viendrait où les vainqueurs, enhardis par sa
« faiblesse, l'attaqueraient à son tour ; alors elle invoquerait
« inutilement le principe d'assistance, de solidarité ; elle
« l'aurait détruit en le méconnaissant.

« Armés de ce Code des devoirs internationaux, nous
« nous demanderons : L'Italie est-elle une nation ? La
« France est-elle sa première alliée par la race et par le
« sang ?... La réponse ne pouvant être douteuse, nous ne
« saurions hésiter dans la conclusion. La France doit sau-
« ver l'Italie. »

Mais les traités, disait-on en 1848, comme on le répétait
en 1859, assurent à l'Autriche la possession du bassin du
Pô, que faites-vous de cette loi suprême de l'Europe ?...

« Nous ne connaissions pas de loi plus puissante, plus
« respectable que celle que traça le Créateur lorsqu'il
« éleva les Alpes entre l'Italie et l'Allemagne ! Quel pro-
« tocole a détruit cette barrière, effacé l'unité de mœurs
« et de langue qui règne de Raguse à Reggio ?... Voilà

« des titres sacrés, des titres séculaires; ils étaient gravés
« sur le granit bien avant que vous ayez songé à écrire
« les vôtres sur parchemin, et ces titres vous répètent : Il
« faut sauver l'Italie !

III

« Mais vous allez ébranler la Péninsule elle-même, dé-
« truire une organisation qui fonctionne sans connaître
« celle qui la remplacera ?... — Que nous importent les
« dissidences soulevées par quelques chefs politiques !...
« Nous ne voulons pas éloigner les Autrichiens dans l'in-
« térêt particulier de Charles-Albert ou de Pie IX, de
« Manin ou de Gioberti, nous voulons rendre à la Pénin-
« sule entière le droit d'être l'*Italie*, le droit de vivre de
« son existence propre, loin des lances croates.
« D'ailleurs, l'indépendance italienne est-elle étrangère
« à la sécurité à l'équilibre de l'Europe? La présence des
« Autrichiens dans les plaines du Pô sera une éternelle
« cause de soulèvements de l'autre côté des Alpes, de
« guerre générale sur le continent: *si vis pacem para bellum*;
« le meilleur moyen d'imposer le respect de nous-même
« aux autres, c'est de faire respecter les peuples qui nous
« appellent à leur secours. Qu'une expérience récente ne
« reste pas sans résultat. La campagne d'Anvers, la prise
« d'Ancône ont-elles été le signal de la guerre : non, elles
« ont consolidé la paix... Voulez-vous donner à cette paix
« des bases encore plus larges, montrez-vous forts, géné-
« reux et justes... Pour être forts, ne redoutez pas les
« hasards des batailles, pour être généreux, rendez à l'Ita-
« lie, par une intervention, pacifique s'il est possible, bel-
« liqueuse s'il le faut, l'équivalent de ce qu'elle vous donna
« il y a quelques siècles, en science, en beaux-arts, en
« civilisation. »
« Chose étrange! C'est au moment où l'Allemagne
« cherche à résoudre le problème d'une unité plus com-
« pacte, afin d'être plus redoutable aux peuples méridio-
« naux, qu'elle refuserait à l'Italie, le droit de reconsti-
« tuer sa nationalité, de s'organiser contre la pression
« grandissante qui l'écrase! »
« L'Allemagne qui s'appuie au Rhin, à l'Océan, aux
« Alpes, à la Vistule, ne voudrait pas que l'Italie s'ap-
« puyât à ces mêmes Alpes? Elle prétendrait franchir les

« frontières naturelles des deux peuples, et poser des
« forteresses fédérales sur l'Adriatique et sur le Pô ! »

« La question Italienne est devenu la plus grave ques-
« tion de la politique extérieure, depuis que l'Allemagne
« en fait sa propre question. Ce n'est plus entre l'Autriche
« et la Lombardie seulement qu'elle doit être débattue,
« mais entre toutes les puissances Européennes. Les no-
« tions les plus élémentaires de prudence et d'équilibre
« imposent à la France le devoir de déclarer, en étendant
« son épée sur les Alpes : *Le bassin du Pô est italien, que*
« *l'Autriche allemande se retire au delà des monta-*
« *gnes !* »

« Ce n'est point par humeur belliqueuse que nous pous-
« sons notre pays à prendre les armes ! C'est par haine de
« l'abus de la force que nous voulons empêcher un peuple
« ami de disparaître sous le sabre d'un autre; nous arme-
« rons nos fusils comme la justice saisit le glaive pour
« protéger le faible et punir le méchant. Nous n'enclouerons
« nos pièces qu'après que les peuples oppresseurs auront
« fondu les leurs pour couler la statue de l'Ange qui pré-
« side à l'inviolabilité des nations. »

III

Onze ans après que nous écrivions ces lignes, l'expédition d'Italie était enfin résolue... On comprend avec quels
transports nous contemplions le 9 mai 1859, le successeur
de Napoléon Ier passant, le képi sur la tête, en calèche découverte, sous l'arc de triomphe du Carrousel. Nos vœux les
plus ardents étaient comblés, l'Empereur des Français pre-
nait résolument la protection de l'Italie ; Continuateur de
la politique de Charlemagne, de Louis XIV, il entrepre-
nait la régénération de la race latine. Il allait organiser les
peuples catholiques du midi, afin de les opposer aux germains protestants du nord.

Après une campagne rapide comme la foudre, héroïque comme celles du premier empire, l'indépendance
italienne était conquise par nos victoires, et solennellement reconnue par le traité de Villafranca. La paix de
Zurich rétablissait enfin le droit primitif et naturel des
races, au dessus des caprices et des petits intérêts des
rois.

A la fin de 1859, les peuples méditerranéens, avaient

obtenu d'immenses résultats sous la direction ou l'inspiration de la France.

Les ports militaires de la Russie dans la mer Noire étaient fermés par le traité de Paris. Les Autrichiens ne se montraient plus au delà des Alpes, qu'à titre de gouverneurs d'une province, faisant partie de la confédération italienne.

L'établissement des Espagnols dans le Maroc tenait Gibraltar en surveillance, la communication de l'Océan avec la Méditerranée n'était plus fermée par une seule porte au pouvoir d'un seul gardien ; il y avait deux portes, deux clefs, et la race latine en possédait une.

Résultat plus important, la France avait repris la politique de ses plus grands rois en évitant leurs fautes... Elle réorganisait les peuples de race latine, non en cherchant à les absorber ; mais en leur rendant leur nationalité, leur énergie propre.

L'indépendance italienne est assurée, reste à régler son organisation intérieure. Nous voici en présence des Légations, et du pouvoir temporel du Pape.

LE PAPE ET L'ITALIE

I

Les principes que nous posions en 1848 sont encore ceux que nous invoquons en 1860. Quand on a trouvé la vérité, et que les événements lui ont donné leur sanction, on possède la base de l'édifice, il ne reste plus qu'à le construire.

« L'absence d'unité et de centralisation, disions-nous (1),
« fut à toutes les époques la cause de la faiblesse de l'Ita-
« lie ; mais est-ce aux Italiens seuls qu'il faut en faire re-
« monter la responsabilité ? Loin de là, car nous trouvons
« la source de ce fractionnement dans la constitution phy-
« sique de la Péninsule, dans la richesse, dans la haute ci-

(1) *L'Opinion*, Journal du Gers, 22 sept. 1848.

« vilisation que chaque point de son sol acquit au moyen
« âge... En effet Gênes ne peut rien envier à Venise, la Tos-
« cane rien envier à la Lombardie. Pise n'est-elle pas
« aussi forte que Bologne ! Rome est si justement orgueil-
« leuse de son histoire, Naples si fière de la fertilité de son
« terroir !... L'égalité comparative de ces localités vous
« empêche de découvrir d'où partiront la vie, l'impulsion
« centrale : sera-ce de Milan ou de Rome ? Pourquoi d'ici
« plutôt que de là. Vous réfléchissez et vous dites :

« L'Italie n'est pas créée pour l'homogénéité; elle ne sera
« ni une France, ni une Espagne; chacune de ces villes
« réunissant toutes les conditions d'existence d'un Etat,
« elle aura autant d' .tats qu'elle a de grandes cités. Ce ne
« sont point les lieues carrées qui constituent les puissan-
« ces, mais l'intelligence, le courage des citoyens, et les
« ressources qu'ils peuvent mettre au service de la cause
« commune : qu'on se rappelle Sparte, Rome, Athènes,
« Carthage.

« Telle fut la tendance à l'isolement contre laquelle vin-
« rent échouer les efforts des hommes d'élite, notamment
« des plus grands papes. Dans sa conception d'une Eglise
« universelle, le Saint-Siége s'élevait au-dessus des petites
« considérations de provinces ; il comprenait les vastes
« organisations conformes au principe du catholicisme :
« mais l'esprit municipal et laïque des villes n'était pas à
« la hauteur de ces idées; chaque italien se trouvait parfai-
« tement satisfait de la prospérité de la cité natale ; que
« lui faisait le reste de l'univers.

« Ces causes des divisions de l'Italie persistèrent ; ses
« habitants n'essayèrent pas de modifier les conséquences
« de la richesse commerciale et agricole, ils subirent son
« invincible loi. Les principes de solidarité de centralisa-
« tion étaient inacceptables à cette époque ; pour les popu-
« lariser il fallait la leçon du malheur. Cette leçon ne se fit
« pas attendre: l'invasion de la Lombardie, la conquête de
« Rome et de Naples par les Impériaux, les Espagnols et
« les Français parlèrent avec une éloquence que les publi-
« cistes ne pouraient atteindre. Les temps étaient bien
« changés au seizième siècle ; Milan n'était plus assez fort
« pour lutter contre l'Autriche, Rome sentait diminuer sa
« prépondérance même spirituelle ; l'Angleterre et l'Alle-
« magne lui échappaient; au dix-septième siècle, enfin
« Gênes et Venise cessaient d'être les premières puissan-
« ces maritimes du monde. »

Il faut entrer dans un nouvel ordre d'idées. Depuis Machiavel, tous les esprits d'élite cherchent la solution du problème.

« Quelle sera la constitution de l'Italie dès qu'elle aura
« recouvré son indépendance ? Il est bien entendu qu'il
« ne peut être question d'une centralisation à la française ;
« elle échouerait contre le juste orgueil et l'importance
« des grandes cités. Une fédération à l'exemple des Etats
« Allemands ou des Etats-Unis d'Amérique est la seule
« conception réalisable, car elle respectera le caractère
« fondamental de l'Italie et les droits de ses diverses ca-
« pitales, consacrés par douze siècles de prospérité... La
« fédération une fois établie, autour de quel centre pivo-
« tera-t-elle ? L'histoire de quinze siècles a répondu :
« Elle rayonnera autour du Saint-Siége (1).

« La papauté fut à toutes les époques la puissance qui,
« par ses traditions de l'empire romain, l'administration
« de l'Église universelle, pouvait le mieux concevoir l'u-
« nité italienne. Au milieu des guerres du moyen âge, on
« reconnaît partout l'impulsion que le Vatican cherche
« à donner aux partis dans le sens de l'union.

« Ce n'est pas seulement par l'ancienneté de cette no-
« ble ambition, par la persévérance de sa mise en œuvre,
« que le Saint-Siége s'élève au centre de l'Italie, comme
« le fanal autour duquel doit se grouper la fédération ;
« son caractère, *plutôt arbitral que politique*, lui donne
« des droits incontestables à la présidence impartiale
« d'une diète italienne. Ses possessions territoriales *n'é-*
« *tant pas considérées comme le but final de sa politique,*
« *comme une source de puissance, mais seulement comme*
« *une assiette indispensable à l'existence visible de son*
« *pouvoir spirituel,* n'ayant, d'ailleurs, ni dynastie à con-
« server, ni famille à enrichir, sera toujours le gouver-
« nement dont l'ambition temporelle offrira le moins de
« danger.

« Ce caractère spirituel lui permet aussi de s'accom-
« moder de toutes les formes politiques adoptées par cha-
« que Etat ; il l'a prouvé par ses anciennes relations avec
« les républiques de Venise, de Florence et de Gênes, avec
« les seigneurs de Milan et de Padoue. Cette espèce d'indif-
« férence en matière gouvernementale, *l'établit président*
« *naturel des débats d'une diète formée d'éléments di-*

____

(1) *L'Église romaine et la Liberté,* Périsse, rue St-Sulpice, 1848.

« *vers*. Rome enfin, n'est-elle pas la capitale de la Pénin-
« sule par sa situation géographique, par sa gloire, et par
« ses souvenirs ? Ne possède-t-elle pas le double titre de
« douze cents ans de domination temporelle, de dix-
« huit-cents ans de souveraineté spirituelle : titres si
« grands, si indélébiles, que Napoléon lui-même l'a appelée
« la capitale légitime de la future Italie. »

II

Après douze ans d'attente, l'Italie est libre enfin d'adop-
ter l'organisation pour laquelle nous faisions des vœux. La
France a contraint l'Autriche à reconnaître dans le traité de
Zurich, des bases justifiées, imposées par les traditions
italiennes, par l'histoire entière du Saint-Siége.

Avant la guerre, on offrait à Pie IX, dans la brochure
Napoléon III et l'Italie, la présidence de la diète future.

Après la victoire on lui renouvelle l'offre plus officielle-
ment dans le traité de paix. Au lieu d'accepter avec empressement, il reste tout-à-fait à l'écart du mouvement
national italien. Il se borne à réclamer les Romagnes qu'il
a perdues.

Dans cette situation très-délicate, lorsque des amis im-
prudents de la cour de Rome cherchent à envenimer les
débats par leurs accusations aussi injustes que violentes,
nous croyons avoir, plus que bien d'autres, le droit d'adres-
ser quelques observations, au nom d'un catholicisme
fervent, mais éclairé. Nous avons donné des gages assez
évidents de notre conviction et de notre zèle religieux
pour que notre voix ne paraisse pas suspecte.

Il y a quinze ans, lorsque deux professeurs du collége
de France réveillaient l'antagonisme de notre génération
contre l'église; nous prîmes sa défense avec ardeur
dans les colonnes de *l'Université catholique*. Nous justi-
fiâmes la papauté des graves accusations historiques por-
tées contre elle. Lorsque Pie IX monta sur le trône de
saint Pierre, et inaugura son avénement par des réformes
libérales qui donnèrent une vive impulsion au mouvement
national italien, nous acclamâmes sa généreuse politique,
et refaisant, dans notre livre de *l'Église romaine et la liberté*, l'histoire générale du Saint-Siége, nous le montrâ-
mes prenant toujours la défense des peuples contre leurs
oppresseurs, et cherchant à modérer, dans l'Europe en-

tière la fureur des persécutions religieuses, œuvres de la cruauté des peuples et de l'ambition des rois (1).

Nous saluâmes, avec l'Italie entière, le continuateur de ces papes guelfes qui empêchèrent l'Italie de devenir allemande, et sauvèrent ce germe de nationalité qui se développe aujourd'hui et promet à la patrie de Dante et de Léon X de nouveaux siècles de gloire.

Par malheur, des événements, plus forts que la volonté de Pie IX arrêtèrent le cours de son entreprise. Les révolutions de France et de Milan excitèrent dans toute l'Italie une fermentation exagérée. L'explosion eût lieu, on préféra Mazzini au prudent réformateur, et l'indépendance italienne périt de nouveau sous l'épée des Autrichiens.

III

Mais les temps sont changés, nous avons délivré l'Italie de la double oppression des étrangers et des mazziniens; pourquoi Pie IX, libre de reprendre le cours normal de sa première politique, n'a-t-il pas adopté le cri de ralliement de la nouvelle Italie !

Nous engageons tous les partis à ne pas oublier les deux points fondamentaux de la politique moderne : Reconstitution des nationalités latines ; consolidation du catholicisme qui en est la base.

Ces deux principes ne doivent pas marcher isolément en cherchant à s'absorber, à se détruire. Ils doivent se réunir, se liguer, comme ils le firent à l'époque de la grandeur et de la puissance des peuples du midi. Ces peuples se réveillent et marchent ; quelques phrases brutales du cardinal Antonelli ou de Mgr d'Orléans ne les arrêteront pas. Que l'Eglise romaine marche avec eux, elle ne peut sans péril rester complétement isolée au milieu du mouvement qui se fait autour d'elle. Le Saint-Siége nous semble avoir, dans la situation religieuse et morale de l'Europe, de bien plus graves questions à traiter que celle de la possession ou de l'abandon des Romagnes. Le dogme catholique, bien plus, le principe chrétien lui-même, attaqués dans mille écrits allemands qui trouvent chez nous d'ardents commentateurs sont plus dignes d'absorber toutes ses préoccupations.

(1) *L'Église romaine et la Liberté.* 1 vol. in-8°, Périsse, rue Saint-Sulpice, 1848.

IV·

Puisqu'on tient aux Romagnes toutefois essayons de vi-
der cet incident, selon nous fort secondaire.

Le droit du Pape sur les Romagnes est incontestable,
mais au-dessus de ce droit en existe un autre qui lui est
supérieur. C'est le droit italien. Le droit général est au-
dessus du droit particulier. Or, les Romagnes se sont soulevées sous l'impression de ce droit national. Elles ont
voulu seconder l'invasion française qui devait délivrer la
Péninsule de l'occupation autrichienne. La délivrance de
l'Italie étant un fait accompli, le Pape est admis à leur dire :
Revenez à moi, rentrez sous l'administration que vous avez
abandonnée; mais les Romagnes refusent, quel est le pouvoir qui peut trancher le différend?

Mille voix imprudentes ne manquent pas de s'écrier :
C'est l'armée française de Rome qui doit aller bombarder
Bologne et mener les insurgés, chargés de fers, aux pieds
du cardinal Antonelli.

Si la France refuse, l'Autriche enverra ses soldats de
Venise et de Mantoue mettre les Romagnols à la raison.
Un peu moins de précipitation à sabrer les gens. Ces
projets belliqueux sont radicalement repoussés pas le droit
politique le plus élémentaire : la question des Romagnes est
une affaire d'ordre intérieur, de police en quelque sorte.
Or, il est de principe qu'un souverain doit se défendre
lui-même contre ses sujets et garder ses provinces. Que le
Saint-Siége équipe donc une armée et fasse la conquête
de Bologne, de Ferrare, aux risques et périls de son caractère apostolique, c'est une question qu'il doit examiner dans
sa sagesse et résoudre avec son conseil. Mais qu'il la mette
à exécution seul, avec ses propres ressources; car s'il in-
voque un appui étranger, l'affaire devient italienne et il
n'appartient qu'à la diète de la trancher. Cette compétence
de la diète doit passer avant celle du Congrès européen
lui-même ; le tribunal suprême ne doit être saisi qu'en
dernier ressort, comme cour d'appel. Si ces deux juridic-
tions rendent un jugement conforme aux réclamations du
Saint-Siége, que les Romagnes lui soient rendues.

Ne confondons pas les devoirs et les droits. Ces provinces, quoiqu'on en dise, ne sauraient invoquer en leur
faveur le principe national d'indépendance qu'oppose l'I-

talie aux prétentions de l'Autriche... l'Italie est une nationalité, les Romagnes n'en sont pas une, et c'est en vertu de son autonomie que l'Italie peut contraindre une de ses provinces à respecter les décrets de la fédération sans lesquels la nationalité pourrait-être, à tout instant, mise en cause et démembrée.

Mais réclamer de la France, de l'Autriche un service permanent de gendarmerie, c'est une hérésie politique, un renversement de tous les principes internationaux d'indépendance. Nous ne comprenons pas que des évêques, d'anciens ministres et députés, ignorent à ce point les premiers éléments du droit.

V

Nous y voilà ! dira Mgr l'évêque d'Orléans : « *Vous lui ôtez de force une partie de ses États, vous lui baisez les pieds et lui liez les mains.* » Vous ne lui laissez pas trace de pouvoir temporel.

Nous n'attentons aux droits de personne ; et voilà justement la différence profonde qui existe entre la situation de Pie IX et celle d'un prédécesseur auquel vous voudriez le comparer ; c'est que nos soldats ne sont entrés sur son territoire que pour chercher à consolider son autorité. Si la population romaine lui portait l'affection qu'elle manifesta jadis en faveur de Pie VII, nous serions loin de vouloir l'ébranler... Nous le disons du fond de notre âme chrétienne, la scission qui éclate entre le Pape et ses peuples, entre le Pape et l'Italie, nous cause la douleur la plus vive. Qu'il recouvre la confiance de ses sujets, qu'il les ramène autour de sa royauté terrestre, une de nos plus grandes peines sera calmée. Mais nous plaçons l'essence du Saint-Siége trop au dessus des intérêts matériels pour vouloir remettre sous son sceptre, et par la force des hommes dont il ne posséderait point l'âme, des enfants qui le maudiraient.

La question italienne renferme deux principes ; sacrifier l'un au triomphe de l'autre, ne serait en sauver aucun, mais les perdre tous les deux.

Le pouvoir temporel, nul ne le contestera, n'est qu'un complément secondaire du pouvoir apostolique. Le prince serait détrôné, que le pontife, l'héritier de saint Pierre, le vicaire du Christ conserverait toute son autorité, toute sa force spirituelle. Que l'on ramène des soldats autrichiens

ou français dans la Romagne, au contraire, la nationalité
italienne, toujours dominée par les baïonnettes étrangères
n'est plus qu'un mot, un fantôme. Nous avons fait, dit-on,
l'expédition de Rome sans montrer les mêmes scrupules.
Distinguons : Rome est une ville à part, elle est moins le
chef-lieu des États de l'Église que la capitale du monde
chrétien; elle appartient à ce titre au catholicisme tout entier, à la race latine tout entière, n'est-ce pas avec les dons
de tous les chrétiens que les papes l'ont dotée de ses églises, de ses monuments, de toutes les merveilles des beaux-
arts. La France et l'Espagne, la Suisse et l'Italie n'ont-elles
pas quelques titres de possession à revendiquer sur le Vatican, sur Saint-Pierre-de-Rome?

Le catholicisme ne saurait vivre sans un centre visible,
sans un sanctuaire, or, en politique, un Etat quelconque,
empire, royauté, république, a bien le droit de ranger sous
la loi de la volonté générale sa capitale insurgée.

Au résumé, que le Saint-Siége reconstitue son pouvoir
temporel par ses propres forces avec la prudence d'une
politique nationale et chrétienne, nous ferons les vœux
les plus sincères pour le succès de sa tentative; que la
diète italienne le rétablisse, c'est le droit incontestable de
cette assemblée; le Congrès européen jugera la question
en dernier ressort : mais exiger d'une ou de deux puissances la restitution des Romagnes, c'est une prétention
aussi injuste que téméraire.

VI

Nous dirons plus! Rétablir par la compression et en
répandant le sang, le pouvoir temporel des papes est-ce
lui donner des conditions de force et de durée dignes de
l'auguste sacerdoce du chef des fidèles ?

On peut décréter ou reconnaître l'existence d'un *pouvoir*,
on ne saurait le fonder s'il ne possède en lui-même les
éléments de son existence. Le pouvoir temporel des papes
est d'une nature toute particulière, il ne fut pas à l'origine,
l'effet de la conquête et de la compression, mais le résultat
de l'amour et de la reconnaissance des Romains. Cette
base manque sous ses pas, les baïonnettes et quelque
peu de sang versé seraient-ils de nature à le lui rendre ?
Un tyran a pu dire : *Que m'importe qu'ils me haïssent,
pourvu qu'ils me craignent.* La compression permanente

ne saurait être le principe du successeur des apôtres ; elle le perdrait s'il pouvait périr.

Et cependant, un souverain qui a du abandonner ses États en 1848, qui n'a pas essayé de lever une armée pour les reprendre ; un gouvernement qui a reçu les Romagnes de la main de l'Autriche, sa capitale de la main de la France ; qui a perdu la Romagne dès que les Autrichiens se sont éloignés, qui perdrait Rome si notre garnison l'évacuait, peut-il se permettre de régner à l'avenir sans employer des moyens d'intimidation qui perpétueront la haine et la discorde ? Nul ne possède cet espoir. Dans cette situation, que nous n'hésitons pas à qualifier de déplorable ; n'est-il pas urgent que ce pouvoir cherche lui-même spontanément, en invoquant la lumière céleste, une transformation qui le régénère.

On lui propose cette transformation, avec tous les témoignages de vénération, tous les ménagements d'un catholicisme respectueux. On lui offre de donner à l'édifice qui s'écroule une base nouvelle, et ses prétendus amis crient au mensonge, à *l'absurdité*, à *l'iniquité*, au subterfuge ; ils trouvent plus logique et plus chrétien de trancher la difficulté par les armes..... Ayons la fermeté de nos convictions, mais n'en ayons pas la violence ; ce sera toujours mal servir les intérêts de l'Église que de prendre le glaive. Les apôtres l'ont établie par la douceur, et non par la menace, et avec des soldats. Les martyrs fondèrent l'Eglise en versant du sang, mais ce sang était le leur et non celui de leurs adversaires.... Si Mgr d'Orléans se chargeait de conduire *ces soldats qu'il demande au monde catholique*, pour rétablir *ce royaume du Christ (qui n'est pas de ce monde)* nous craindrions fort que ce triste expédient n'eut de funestes conséquences sur le pouvoir spirituel lui-même.

L'emportement est toujours un mauvais diplomate. La prudence chrétienne ne conseillerait-elle pas de s'inquiéter beaucoup moins de ces questions un peu terrestres qui, loin d'être aujourd'hui la consolidation de l'autorité fondamentale du Saint-Siége, comme elles l'étaient au moyen âge, pour des raisons que nous donnerons bientôt, en sont depuis lonhtemps l'obstacle et le péril. Le simple prince romain, ébranlé par le mouvement guelfe de son peuple, ne devrait-il pas se rattacher avec empressement au titre bien plus grand, bien plus auguste, de prince des apôtres, de pontife européen, universel, reconnu, payé par la catholicité entière. Le premier n'avait que trois millions de sujets, le second en a plus de quatre-vingt... Quatre-vingt millions d'hommes qui ne se borneraient pas à le vénérer comme leur père, mais qui soutiendraient de leurs impôts son indépendance et sa splendeur... Et vous appelez cela une insulte, une aumône. L'Empereur de Russie, la reine d'Angleterre, tous les souverains à liste civile, seraient donc des mendiants à votre compte... Il me semblait cependant que l'Eglise admettait comme principe que *le prêtre de l'autel devait vivre de l'autel.* Nous ne voyons pas en quoi les évêques français sont deshonorés, en prenant dans le budget un espèce de denier de saint Pierre ; nous comprendrions bien moins le surcroît de vénération et d'autorité que leur procurerait le cumul de leurs fonctions épiscopales avec celles de préfet ou de commissaire des guerres.

Mais, objectera-t-on, s'il arrive qu'un peuple catholique, par rancune ou par embarras financier, refuse d'acquitter le tribut, quel moyen aura-t-on de l'y contraindre?

Nous ignorons si le fait se présentera ; ce qu'il est aisé d'affirmer, c'est qu'il se trouvera toujours un assez grand nombre d'États, disposés et intéressés à payer leur contingent, pour que le budget du Souverain-Pontife n'ait pas à redouter de gros déficits. Dans tout état de cause, n'est-il pas plus digne du chef des catholiques de recevoir le tribut de la majeure partie de la catholicité, que d'un petit coin de terre assez pauvre.

D'ailleurs, si l'on peut vous refuser la redevance pécuniaire, ne peut-on vous retirer plus aisément le secours armé qui, vous ne le contesterez pas, devient indispensable au maintien de votre pouvoir... Il sera plus aisé dans tous les cas de vous envoyer un argent qui n'inquiétera ni les rois ni les peuples, que des baïonnettes, qui perpétueront le trouble en Europe, et augmenteront l'inquiétude et la haine des populations.

Sachez élever vos pensées au-dessus de ces petites questions de territoire ; faites-les remonter jusqu'à l'origine de l'Église, jusqu'à l'institution divine de Jésus Christ.

Oui, Dieu dit à Pierre : *Tu es petrus et super hanc petram....* et il l'envoya à Rome. Mais, lui remit-il les Romagnes, lui remit-il les états du Saint-Siége ? Nullement. Il lui donna ce qui valait mieux que des provinces, l'empire universel des âmes. *Les affaires temporelles des Églises, même de l'Eglise romaine,* dit l'abbé Fleuri, *ne sont pas matières de l'histoire ecclésiastique.* Le Christ ne dit pas un mot de cette nécessité de territoire dans l'Évangile, les conciles se taisent, les évêques observent le même silence dans leurs catéchismes. Le pouvoir temporel n'est donc ni une nécessité chrétienne, ni un principe catholique. C'est depuis bien peu de temps qu'on lui prête un caractère d'*arche sainte.*

VII

Est-ce à dire que ce pouvoir ait une origine usurpatrice ? A Dieu ne plaise. Son établissement fut impérieusement nécessité par l'éternelle loi : *Suprema lex populi salus esto*, il fut juste, et non moins utile à la défense nationale de l'Italie qu'à celle du Saint-Siége.

Lorsque le renversement de l'empire romain et le triomphe de la société germanique eurent bouleversé l'Europe, détruit la sécurité, mis en question tous les droits, la possession d'un territoire couvert de forteresses devint la condition fondamentale de toute institution humaine. Nulle ville ne pouvait exister sans murailles, nul seigneur sans donjon, nulle commune sans milice.

Le pape et le peuple de Rome, incessamment attaqués par les empereurs de Constantinople, et les rois lombards, invoquèrent l'appui des rois de France. Pepin donna la Romagne au Saint-Siége ; Charlemagne constitua le domaine de Saint-Pierre, Mathilde le compléta.

Ces grands rois, cette comtesse illustre, placèrent des provinces autour de la ville de Rome ; une armée pontificale autour de la papauté, comme on construisait des remparts autour des villes, pour les mettre à l'abri des tyrans et des condottieri.

Mais sommes-nous dans la même situation, l'Europe n'a-t-elle pas fait un pas depuis Charlemagne et les luttes des Gibelins et des Guelfes ?

On a beau célébrer les vertus, le respect des droits au moyen âge, nous ne voyons, dans ce temps de barbarie, que spoliations et massacres, renversement de trônes et violation de lois. Faites avec M. Ferrari, le relevé des victimes des guerres civiles en Italie, vous nous direz si le Souverain-Pontife, pas plus que tout autre pouvoir, aurait pu vivre deux jours en sécurité, sans soldats et sans forteresses.

Que Mgr d'Orléans visite le Palais des Papes à Avignon,

celui des Archevêques à Narbonne, il verra de quel appareil de donjons, de crénaux, de herses et de pont-levis, l'autorité religieuse était obligée de s'entourer à cette belle époque de justice et de moralité, alors que « *soixante années de bouleversements politiques et sociaux* n'avaient pas encore *perverti toutes les notions du droit et troublé tout l'ordre européen.*

Les faits et l'histoire parlent plus éloquemment que les orateurs ; aujourd'hui nos villes se passent très-bien de remparts, nos grands seigneurs de donjons, et nos évêques vivent en paix dans des hôtels qui ne sont pas des citadelles, même à côté de populations protestantes... Pourquoi? C'est que les principes d'ordre ont fait des progrès, la force des lois, l'organisation du pouvoir judiciaire sont des conditions de sécurité personnelle plus sûres que les cuirasses et les boucliers. Nous sommes convaincus que le pouvoir spirituel des papes trouverait plus d'indépendance et d'inviolabilité, dans la garantie officielle, collective des peuples catholiques, des peuples latins, que dans les remparts de quelques villes peuplées de sujets d'une fidélité douteuse.

Si vous persistez à baser l'existence du pouvoir spirituel lui-même sur la force temporelle du pape, savez-vous où vous conduiront les conséquences de ce principe? Au bannissement de tous les romains, de tous les romagnols suspects, à leur remplacement par des catholiques d'un dévouement à toute épreuve, épuration qui devra se renouveler tous les six mois.

Allons plus loin encore, ces précautions extrêmes fussent-elles réalisables, donneraient-elles au Saint-Siége un pouvoir assez fort pour assurer son indépendance, et lui permettre de lutter contre les autres nations européennes... Pas le moins du monde. A l'époque où les Etats de l'Eglise furent créés par Charlemagne et Mathilde, ils égalaient la plupart des royaumes de l'Europe. Le pape pouvait tenir tête, avec ses seules ressources, aux rois d'Aragon et d'Ecosse, de Bohème et de Castille, etc. Depuis lors tous les Etats ont grandi, ceux de l'Eglise sont restés stationaires, pourraient-ils résister au plus petit d'entre eux, au Piémont ou à Naples seulement?

Vous le voyez donc, cette prétendue puissance fondée sur les possessions territoriales n'est qu'un leurre, la présence de troupes étrangères, ou leur intervention au pre-

mier embarras sera, la situation permanente et anormale
d'un *pouvoir temporel* incapable de se défendre. Ainsi vous
faites peser sur le Pape tous les embarras de l'administration et de la politique sans qu'il puisse en recueillir les
avantages.

Ayons le courage d'envisager les difficultés de front, de
les trancher résolument et sans subterfuges ; puisque le
Saint-Siége ne saurait désormais résister par ses propres
forces aux tempêtes intérieures ou extérieures, qu'il le re-
connaisse et se place directement sous la protection de
toutes les puissances catholiques, en vertu d'un accord dis-
cuté, dans un congrès spécial; arrêté dans un concordat
universel : alors, mais seulement alors, son indépendance
spirituelle sera placée à de telles hauteurs, entourée de ga-
ranties si puissantes que nul n'osera la méconnaître.

Le siége de la papauté, personne ne le conteste, ne saurait être hors de Rome ; comment cette ancienne capitale
du monde conservera-t-elle son double caractère de sanctuaire du monde catholique et de chef-lieu de la fédération
italienne ? En devenant une ville à part, ayant des lois, une
administration papale qui en fera non point une sorte de
couvent, de béguinage dont les habitants seraient plus
ou moins cloîtrés, mais une espèce de ville anséatique,
un *municipe* tel qu'il était à la fin de l'empire romain,
sous la direction des premiers papes, une ville où le souverain pontife résiderait dans une pleine et entière liberté,
qu'il posséderait sous la garantie des puissances catholiques.

Oui, les temps sont venus où le pouvoir spirituel, insti-
tué par Dieu, peut vivre sans forteresses et sans armées
personnelles, avec plus de sécurité qu'il ne vécût dans les
premiers siècles ; et l'on a pu dire avec justice ! *Plus le
le territoire sera petit, plus le souverain sera grand.* Il
sera plus grand parce que la situation du prince ne com-
promettra plus le caractère auguste du chef suprême du
monde, parce que le représentant de Dieu, débarrassé des
mesquines questions d'intérêt politique, ne sera pas contraint d'épouser malgré lui les querelles de la France ou
de l'Autriche, de l'Espagne ou de l'Irlande. Son inviolabilité décuplera sa force. Ne craignant plus pour ses Etats
la colère de la Russie ou de l'Angleterre, il pourra prendre plus énergiquement la défense des peuples catholiques

opprimés dans leur foi. Juge désintéressé, arbitre vénéré et en quelque sorte surhumain à l'égard de l'Italie, il exercera, sous sa forme apostolique la plus pure, cette présidence honoraire, cette autorité médiatrice qu'il étendit, durant le moyen âge, sur l'Europe entière, et que nous avons glorifiée dans l'*Eglise romaine et la liberté*. Son caractère purement spirituel tarira la source de toutes les difficultés gallicanes... Qui ne se sentirait plus catholique et disposé à l'obéissance romaine, si la question se bornait à l'unité de rites et de hiérarchie; si des intérêts temporels, des arrières pensées d'influence ne se mêlaient pas aux affaires purement religieuses.

Ce n'est pas à la diète italienne et au congrès que nous adressons ces observations respectueuses, c'est au Saint-Père lui-même, au nom des plus grands intérêts du catholicisme... Nous le prions d'examiner si l'abandon de son pouvoir temporel presque tout entier ne rendrait pas au successeur des apôtres la force, l'autorité que les expédients diplomatiques ne sauraient lui procurer.

Nous cherchons tous, il faut le reconnaître, la solution du même problème ; le raffermissement de l'indépendance du Saint-Siége ; les uns croient le trouver dans le rétablissement pur et simple de ses possessions territoriales, sans s'inquiéter de l'opinion de ceux qui les habitent. Nous défions ces défenseurs *du droit public* de trouver une ombre d'indépendance et de force dans un gouvernement placé entre une insurrection républicaine ou piémontaise et l'appui des troupes françaises et autrichiennes ; nous déclarons, en remontant aux *principes de droit supérieur*, que le Saint-Siége ne retrouvera sa liberté véritable qu'en revenant à son principe véritable : le pontificat universel, exercé sur tous les peuples catholiques à la fois, et solennellement garanti par eux.

Il est un point essentiel qu'il ne faut pas oublier. C'est que la France, en réveillant les nationalités des races latines, groupe autour du Saint-Siége des forces qui s'amoindrissaient sous la pression des peuples grecs et protestants. Or, l'affaiblissement de l'Espagne et de l'Italie était d'un fâcheux présage pour la prospérité de l'Eglise elle-même ; en changeant la balance politique, la France rend à la papauté des services auprès desquels la question des Romagnes et du pouvoir temporel est d'une considération bien secondaire.

Que l'on juge de l'effet immense que produirait dans le monde cette déclaration spontanée du Saint-Siége :

« Père spirituel des peuples en Jésus-Christ, j'ai puisé
« pendant plusieurs siècles dans le pouvoir temporel que
« m'avaient confié les Romains, la force nécessaire à l'exer-
« cice d'un sacerdoce, arbitral parmi les grands, protecteur
« à l'égard des faibles. Les temps sont changés, j'aban-
« donne une autorité qui n'est plus qu'un sujet de contes-
« tations et ne saurait être un élément de force, envoyé sur
« la terre pour le gouvernement spirituel de tous, je lève
« ma main pour bénir, et je confie l'indépendance du vi-
« caire du Christ à tous les peuples croyant au Christ, et
« fidèles à son Eglise catholique. »

A cette voix auguste quel changement dans les esprits ! quel retour ardent, quelle vénération enthousiaste parmi les peuples italiens qui accusent et menacent ! quel étonnement respectueux chez les peuples dissidents eux-mêmes !

Dès lors, chef du monde bien défini des âmes, le Saint-Père pourrait diriger contre l'athéisme et le matérialisme de l'école allemande, qui sape les bases du christianisme, une ardeur, une puissance d'autant plus grandes qu'elles seraient indivisées. Cette croisade dogmatique, combinée avec la vigilance politique de la France, repousserait la Germanie qui menace sous deux rapports les peuples méridionaux. Le Saint-Siége et la France *complètement indépendants l'un de l'autre*, mais unis par la communauté des intérêts, marcheraient vers un but identique, la consolidation politique et religieuse de la race latine.

L'Angleterre aurait un noble rôle à remplir dans les conflits qui pourraient éclater. Si la France fut toujours à la tête des peuples méridionaux, la Grande-Bretagne, isolée par sa situation et par ses tendances, doit se tenir en dehors des races germaniques et slaves et se trouver constamment libre de porter secours à l'élément affaibli. Loin de troubler l'équilibre de l'Europe, elle en sera le modérateur.

En résumé, un pouvoir temporel assez étendu était nécessaire à la papauté et à l'Italie, quand cette double force luttait matériellement contre l'empire germanique ;

il devient inutile aujourd'hui, et compromet le Saint-Siége
au lieu de le consolider.

Les temps nouveaux exigent une constitution nouvelle,
car la lutte recommence sous une autre forme. La vérité catholique est aux prises avec l'athéisme allemand. Que la
papauté sorte des frontières des Romagnes pour régner
d'une autorité égale sur l'Europe latine, sur la catholicité
tout entière; peut-être, dégagée de l'élément terrestre qu'on
lui reproche et qui la gêne, parviendra-t-elle à rallier les
nations dissidentes au véritable royaume du Christ, et à
étendre son triomphe sur la terre, en s'élevant au-dessus
de la terre.

FIN

Paris, De Soye et Bouchet, imprimeurs, 2, place du Panthéon.